Edvard Grieg
1843 – 1907

Lyrische Stücke

Lyric Pieces
Morceaux lyriques

für Klavier
for Piano
pour Piano

opus 12, opus 38, opus 43

Herausgegeben von / Edited by / Edité par
Monika Twelsiek

ED 9011
ISMN 979-0-001-11409-7

www.schott-music.com

Mainz · London · Berlin · Madrid · New York · Paris · Prague · Tokyo · Toronto
© 1996/2011 SCHOTT MUSIC GmbH & Co. KG, Mainz · Printed in Germany

Covergestaltung: H. J. Kropp
unter Verwendung eines
Gemäldes von Erik Werenskiold, 1902
Bergen, Grieghalle

Künstler wie Bach und Beethoven haben Dome und Tempel auf den Höhen errichtet, ich wollte lieber Wohnstätten für meine Mitmenschen bauen, in denen sie sich zu Hause fühlen und glücklich sein sollten.

Edvard Grieg

Vorwort

Edvard Hagerup Grieg wurde am 15. Juni 1843 in Bergen geboren. Sein Vater war Kaufmann und englischer Konsul in Norwegen; die Mutter, Pianistin, war es, die in dem Sechsjährigen die Liebe zum Klavierspiel weckte. Dass die Musik zur Lebensaufgabe wurde, entschied sich 1858 nach einem Besuch des Geigers Ole Bull. Auf Bulls Anraten besucht Grieg das ehrwürdige Leipziger Konservatorium, wo schon sein Landsmann Halfdan Kjerulf und der Däne Niels W. Gade studiert hatten. Enttäuschten ihn auch die trockenen Lehrmethoden des Instituts, so wurde doch in dieser Zeit der Grundstein einer lebenslangen Begeisterung für Schumann und Wagner gelegt.

Nach ersten Erfolgen als Pianist und Komponist in der Heimat kommt es 1863 in Kopenhagen zu einer schicksalhaften Begegnung: Grieg lernt den jungen Rikard Nordraak kennen, den Komponisten der norwegischen Nationalhymne, der großen Einfluss auf sein Schaffen gewinnt. Durch die Freundschaft mit Nordraak vollzieht sich die für Griegs Gesamtschaffen entscheidende Wendung zu einem national-romantischen Denken und zu einer der heimatlichen Volksmusik verbundenen Tonsprache. „Es fiel mir wie Schuppen von den Augen; erst durch ihn lernte ich die nordischen Volkslieder und meine eigene Natur kennen".

Zwei Rom-Aufenthalte führen zu Begegnungen mit Henrik Ibsen (1865) und mit Franz Liszt (1870). Seit 1874 kann sich Grieg, durch ein staatliches Stipendium finanziell unabhängig, ausschließlich der Komposition widmen. 1898 gründet er das erste norwegische Musikfestival in Bergen; Konzertreisen führen ihn als Pianist und Dirigent durch ganz Europa – er wird international geliebt und gefeiert. Seine Frau Nina ist als Sopranistin die ideale Interpretin seiner Werke. 1885 finden beide in Troldhaugen bei Bergen ein Heim, in dem Grieg bis zu seinem Tod lebte. Als Vertreter der nationalen Musik hoch geehrt, mit der Ehrendoktorwürde der Universitäten Oxford und Cambridge ausgezeichnet, Mitglied des Institut de France, stirbt Grieg am 4. September 1907 in Troldhaugen bei Bergen.

Edvard Grieg ist die zentrale Persönlichkeit der norwegischen Musikgeschichte, durch ihn erlangte die norwegische Musik Weltgeltung. Eine „fanatische, fast dämonische Liebe zur Heimat", durch die Freundschaft zu Nordraak geweckt, wird zur Triebfeder seines Schaffens. Es entsteht ein Individualstil, der die Vitalität der Volkslieder und Tänze Norwegens mit dem hochsensiblen Klangsinn der romantischen Komponistenpersönlichkeit verbindet; es entsteht eine Harmonik, die – von den Zeitgenossen als „kühn" empfunden – die Farben Debussys und Ravels bereits ahnen lässt. Das Ausdrucksinstrument dieser Farben ist – vor allem anderen – das Klavier.

Die zehn Hefte der *Lyrischen Stücke*, in den Jahren 1867 bis 1901 entstanden und damit Griegs Leben begleitend, nehmen eine bedeutende Stellung im Gesamtwerk ein. Als feinsinnige Tonbilder fügen sie sich in den Reigen der Charakterstücke und erfüllen das Bedürfnis der Romantiker, „für die geheimsten Regungen eines gesteigerten Empfindungslebens und die magischen Bilderkreise phantastisch-poetischer Vorstellungen adäquate Ausdrucksmittel zu finden" (Hugo Riemann). Der Bogen spannt sich von den Werken der Clavecinisten (Rameau, Couperin) über die *Handstücke* Türks bis zu Mendelssohns *Liedern ohne Worte*, Schuberts *Moments musicaux* und *Impromptus*, Schumanns phantastischen Bildern, den *Préludes* und *Études* Chopins und Debussys.

Griegs *Lyrische Stücke*, von denen diese Ausgabe mit op. 12 (1867), op. 38 (1883) und op. 43 (1885) die ersten drei Hefte enthält, gehören zu den populärsten Klavierstücken überhaupt. Werke wie *Schmetterling, Elfentanz, An den Frühling* wurden zu „Kultstücken" des Hausmusik-Repertoires. In zahlreichen Bearbeitungen verbreitet, von Salonorchestern beinahe „zu Tode geliebt", geriet die einfache Gefühlsaussage der Stücke leicht ins Kitschig-Triviale. Das zerbrechliche Gleichgewicht zwischen schlichter Volkstümlichkeit und romantischem Ausdruckswillen musikalisch darzustellen, ist die reizvolle Aufgabe einer modernen Interpretation.

Wie schreibt Grieg: „Ich wollte lieber Wohnstätten für meine Mitmenschen bauen, in denen sie sich zu Hause fühlen und glücklich sein sollten." Mögen die *Lyrischen Stücke* dazu beitragen, unsere Welt wieder etwas wohnlicher zu machen!

Monika Twelsiek

Artists such as Bach and Beethoven have constructed cathedrals and temples reaching to the skies, whereas I wanted to build habitable spaces for my fellow mortals, where they might feel happy and at home.

Edvard Grieg

Preface

Edvard Hagerup Grieg was born in Bergen on 15 June 1843. His father was a businessman and British Consul in Norway; his mother, a pianist, was the one who awakened a love of playing the piano in the six year-old child. It became clear that he was to devote his life to music after a visit by the violinist Ole Bull in 1858 and, on the advice of Bull, Grieg went to the distinguished Leipzig Conservatoire, where his compatriot Halfdan Kjerulf and the Dane Niels W. Gade had previously studied. While he may have felt disappointed by the dry teaching methods he found at that establishment the foundations for a lifelong admiration for the music of Schumann and Wagner were laid during his time there.

After early successes as a pianist and composer in his homeland, 1863 brought a crucial encounter for Grieg in Copenhagen: he met the young Rikard Nordraak, composer of the Norwegian national anthem, who was to exercise a considerable influence on his work. The friendship with Nordraak marked a decisive change in Grieg's thinking, towards a Romantic nationalism and a musical language linked to the folk music of his homeland. "It was as though the scales had fallen from my eyes; through him I discovered Nordic folk-songs and my inner self for the first time."

Two stays in Rome led to meetings with Henrik Ibsen (1865) and Franz Liszt (1870). From 1874 Grieg enjoyed the financial independence afforded by a regular income awarded by the State, enabling him to dedicate himself exclusively to composition. In 1898 he founded the first Norwegian music festival in Bergen. Concert tours took him all over Europe as a pianist and conductor, and he became internationally celebrated. His wife Nina, a soprano soloist, proved to be the ideal singer to perform his works. In 1885 the two of them made their home in Troldhaugen, near Bergen, where Grieg lived until his death. Honoured as the champion of his national musical heritage, distinguished with honorary doctorates from the universities of Oxford and Cambridge and having been made a member of the Institut de France, Grieg died on 4 September 1907 in Troldhaugen, near Bergen.

Edvard Grieg is the central figure in Norwegian musical history; it was through him that Norwegian music earned a place in our international cultural heritage. A "fanatical, almost demoniacal love of his homeland" awakened through his friendship with Nordraak, became the driving force behind his work. An individual style emerged which combined the vitality of Norwegian folk-songs and dances with the acute musical sense of the

Romantic composer, resulting in harmonies – felt by his contemporaries to be rather "bold" – which give intimations of the colours later used by Debussy and Ravel. The instrument pre-eminently used for the expression of these colours is the piano.

The ten volumes of *Lyric Pieces* occupy a particularly important place in Grieg's musical output; written over the years between 1867 and 1901, they chart the development of his career. As delicate musical pictures they take their place among so-called "mood" pieces and fulfil the Romantic need "to find adequate means of expression for the most intimate stirrings of a heightened sensibility and the enchanting sequence of images conjured up by the poetic imagination" (Hugo Riemann). The arc spans from the works of those composers who wrote for the harpsichord (Rameau, Couperin), through pieces crafted by Türk, to Mendelssohn's *Songs Without Words*, Schubert's *Moments musicaux* and *Impromptus*, Schumann's *Fantasiestücke*, and the *Préludes* and *Études* written by Chopin and Debussy.

Grieg's *Lyric Pieces*, of which this edition contains the first three volumes, Op. 12 (1867), Op. 38 (1883) and Op. 43 (1885), are among the most popular piano pieces ever written. Works such as *Papillon*, *Fairy-Dance* and *To Spring* have become "cult pieces" in the repertoire of domestic music-making. Widely available in numerous arrangements, and almost "played to death" by palm court orchestras, the simple sentiments the pieces express could all too easily degenerate into banality and kitsch. It is a delightful challenge for the modern performer to realize the delicate musical balance between a simple folk tradition and the Romantic urge for expressiveness. As Grieg wrote: "I wanted to build habitable spaces for my fellow mortals, where they might feel happy and at home." May these *Lyric Pieces* contribute to making our world a happier place to live in!

Monika Twelsiek
(Translation J.S. Rushworth)

Les artistes tels que Bach et Beethoven ont construit des cathédrales et des temples sur les hauteurs, je voulais plutôt bâtir des demeures pour mes prochains, des demeures dans lesquelles ils se sentent chez eux et où ils soient heureux.

Edvard Grieg

Préface

Edvard Hagerup Grieg est né le 15 June 1843 à Bergen. Son père était commerçant et consul d'Angleterre en Norvège. C'est sa mère, pianiste, qui éveilla chez l'enfant de six ans l'amour du piano. Le fait que la musique devint but suprême se décida en 1858 à la suite d'une visite du violoniste Ole Bull. Sur les conseils de Bull, Grieg fréquente le vénérable Conservatoire de Leipzig, où avaient déjà étudié son compatriote Halfdan Kjerulf et le Danois Niels W. Gade. Bien que qu'il fût déçu par les méthodes pédagogiques fastidieuses de l'institut, c'est à cette période que fut posée la pierre angulaire d'un enthousiasme pour Schumann et Wagner qui devait durer toute une vie.

Après de premier succès dans son pays natal en qualité de pianiste et de compositeur, il fait en 1863 à Copenhague une rencontre déterminante pour son destin: Grieg fait la connaissance du jeune Rikard Nordraak, compositeur de l'hymne national norvégien, qui aura une grande influence sur son travail. C'est grâce à cette amitié qui le lie à Nordraak que se produit le tournant décisif pour l'ensemble de l'œuvre de Grieg, d'une pensée nationale romantique à une langue tonale liée à la musique populaire traditionnelle de son pays natal. «Mes yeux se sont dessillés; ce n'est que par lui que je découvris les chansons populaires norvégiennes et ma propre nature.»

Deux séjours à Rome conduisent à des rencontres avec Henrik Ibsen (en 1865) et avec Franz Liszt (en 1870). A partir de 1874, Grieg, financièrement indépendant grâce à une bourse d'état, peut se consacrer exclusivement à la composition. Il fonde en 1898 le premier Festival norvégien de Musique à Bergen. Des tournées le conduisent, en sa qualité de pianiste et de chef d'orchestre, à travers toute l'Europe – on l'aime et on le fête au plan international. Son épouse Nina, soprano, est l'interprète idéale de ses œuvres. En 1885, ils trouvent un foyer à Troldhaugen, près de Bergen, où Grieg vécut jusqu'à sa mort. Honoré en tant que représentant de la musique nationale, distingué par la doctorat honoris causa des universités d'Oxford et de Cambridge, membre de l'institut de France, Grieg meurt le 4 septembre 1907 à Troldhaugen, près de Bergen.

Edvard Grieg est le personnage central de l'histoire de la musique norvégienne, c'est grâce à lui que la musique norvégienne entra en crédit dans le monde entier. Un amour fanatique, presque démoniaque pour sa patrie, éveillé par l'amitié qui le liait à Nordraak, devint le mobile de son œuvre. Il en résulte un style individuel qui allie la vitalité des chansons populaires traditionnelles et des danses norvégiennes à l'extrême sensibilité de la personnalité romantique du compositeur pour les sons; il en résulte une harmonie qui – ressentie comme «osée» par ses contemporains – annonce déjà les coloris de Debussy et de Ravel. L'instrument expressif de ces coloris est, avant tout autre, le piano.

Les dix cahiers des *Morceaux lyriques*, qui virent le jour entre 1867 et 1901 et ont donc accompagnés pratiquement toute la vie de Grieg, occupent une place particulière dans l'ensemble de son œuvre. Images sonores d'un goût exquis, ils se placent dans la ronde des morceaux de caractère et répondent au besoin des romantiques «de trouver pour les mouvements de cœur les plus secrets d'une vie sentimentale exaltée et pour les cercles d'images magiques de l'imagination fantastique et poétique des moyens d'expression adéquats.» (Hugo Riemann). L'arc s'étend des morceaux pour clavecin (de Rameau et Couperin), aux *Chansons sans paroles* de Mendelssohn, aux *Moments musicaux* et aux *Impromptus* de Schubert, aux *Images fantastiques* de Schumann, aux *Préludes* et aux *Études* de Chopin et Debussy, en passant par les Morceaux à main de Türk.

Les *Morceaux lyriques* de Grieg, dont la présente édition comprend les trois premiers cahiers, op. 12 (1867), op. 38 (1883 et op. 43 (1885), comptent au nombre des œuvres pour piano les plus populaires. Des ouvrages tels que *Papillon*, *Danse des sylphes*, *Au printemps*, devinrent des «morceaux de culte» du répertoire de la musique privée. Répandus dans de nombreux arrangements, pour ainsi dire «étouffés d'amour» par les orchestres de salons, le message sentimental simple de ces morceaux glissa aisément dans le «kitsch» trivial. Représenter par la musique le fragile équilibre entre le caractère populaire traditionnel simple et la volonté d'expression romantique, c'est là la tâche attrayante d'une interprétation moderne.

Comme l'écrit Grieg: «Je préférais bâtir des demeures pour mes prochains, des demeures dans lesquelles ils se sentent chez eux et où ils soient heureux. Que les *Morceaux lyriques* contribuent à rendre notre monde un peu plus habitable!»

Monika Twelsiek
(Traduction Martine Paulauskus)

Inhalt / Contents / Contenu

Arietta

Edvard Grieg
opus 12/1

Poco Andante e sostenuto

Walzer

Waltz · Valse

opus 12/2

Wächterlied
Watchman's Song · Chant du gardien

Nach einer Aufführung von Shakespeares „Macbeth" komponiert

opus 12/3

Intermezzo
(Geister der Nacht)

Elfentanz

Fairy-dance · Danse des sylphes

opus 12/4

Volksweise

Folk Tune – Chanson populaire

opus 12/5

Norwegisch
Norwegian Melody · Mélodie Norvégienne

opus 12/6

Presto marcato

Albumblatt
Album-leaf · Feuille d'Album

opus 12/7

Vaterländisches Lied

National Song · Chant national

opus 12/8

Berceuse

opus 38/1

Volksweise
Folk Melody · Chanson populaire

opus 38/2

Melodie
Melody · Mélodie

opus 38/3

Halling
Norwegischer Tanz · Norwegian Dance · Danse Norvégienne

opus 38/4

Springtanz

Leaping Dance · Danse bondissante

opus 38/5

Elegie
Elegy · Elégie

opus 38/6

Allegretto semplice ♩ = 80

Walzer
Waltz · Valse

opus 38/7

Canon

Allegretto con moto ♩ = 80

Minore Da Capo al Fine

Schmetterling
Butterfly · Papillon

opus 43/1

Einsamer Wanderer
Solitary Traveller · Voyageur solitaire

opus 43/2

In der Heimat

In My Native Country · Dans mon pays

opus 43/3

Vöglein
Little Bird · Oisillon

opus 43/4

Erotik
Erotic Poem · Poème érotique

opus 43/5

An den Frühling
To the Spring · Au printemps

opus 43/5

Allegro appassionato ($\textstyle\frac{}{}$ = 84)

Tempo I